한문 법화경 사경 2

운주사

| 묘법연화경 제一권 | 제1 서품 | 9 |
| | 제2 방편품 | 53 |

| 묘법연화경 제二권 | 제3 비유품 | 5 |
| | 제4 신해품 | 77 |

묘법연화경 제三권	제5 약초유품	5
	제6 수기품	24
	제7 화성유품	44

묘법연화경 제四권	제8 오백제자수기품	5
	제9 수학무학인기품	28
	제10 법사품	41
	제11 견보탑품	62
	제12 제바달다품	90
	제13 권지품	107

묘법연화경 제五권	제14 안락행품	5
	제15 종지용출품	40
	제16 여래수량품	68
	제17 분별공덕품	88

묘법연화경 제六권	제18 수희공덕품	5
	제19 법사공덕품	18
	제20 상불경보살품	49
	제21 여래신력품	65
	제22 촉루품	76
	제23 약왕보살본사품	81

묘법연화경 제七권	제24 묘음보살품	5
	제25 관세음보살보문품	25
	제26 다라니품	46
	제27 묘장엄왕본사품	59
	제28 보현보살권발품	76

사경 시작한 날 : 불기   년   월   일

_____ 두손 모음

妙法蓮華經 卷第二

譬喩品 第三
비 유 품 제 삼

爾時 舍利弗 踊躍歡喜 卽
이 시 사 리 불 용 약 환 희 즉

起合掌 瞻仰尊顔 而白佛言
기 합 장 첨 앙 존 안 이 백 불 언

今從世尊 聞此法音 心懷踊
금 종 세 존 문 차 법 음 심 회 용

躍 得未曾有 所以者何 我
약 득 미 증 유 소 이 자 하 아

昔從佛 聞如是法 見諸菩薩
석 종 불 문 여 시 법 견 제 보 살

授記作佛 而我等 不豫斯事
수 기 작 불 이 아 등 불 예 사 사

甚自感傷 失於如來 無量知
심 자 감 상 실 어 여 래 무 량 지

見 世尊 我常獨處 山林樹
견 세존 아상독처 산림수
下 若坐若行 每作是念 我
하 약좌약행 매작시념 아
等 同入法性 云何如來 以
등 동입법성 운하여래 이
小乘法 而見濟度 是我等咎
소승법 이견제도 시아등구
非世尊也 所以者何 若我等
비세존야 소이자하 약아등
待說所因 成就阿耨多羅三
대설소인 성취아뇩다라삼
藐三菩提者 必以大乘 而得
막삼보리자 필이대승 이득
度脫 然我等 不解方便 隨
도탈 연아등 불해방편 수
宜所說 初聞佛法 遇便信受
의소설 초문불법 우변신수
思惟取證 世尊 我從昔來
사유취증 세존 아종석래

終日竟夜 每自剋責 而今從
종일경야 매자극책 이금종

佛 聞所未聞 未曾有法 斷
불 문소미문 미증유법 단

諸疑悔 身意泰然 快得安隱
제의회 신의태연 쾌득안은

今日乃知 眞是佛子 從佛口
금일내지 진시불자 종불구

生 從法化生 得佛法分 爾
생 종법화생 득불법분 이

時 舍利弗 欲重宣此義 而
시 사리불 욕중선차의 이

說偈言
설게언

我聞是法音 得所未曾有
아문시법음 득소미증유

心懷大歡喜 疑網皆已除
심회대환희 의망개이제

昔來蒙佛教 不失於大乘
석래몽불교 불실어대승

佛音甚希有	能除衆生惱	
불 음 심 희 유	능 제 중 생 뇌	
我己得漏盡	聞亦除憂惱	
아 이 득 누 진	문 역 제 우 뇌	
我處於山谷	或在樹林下	
아 처 어 산 곡	혹 재 수 림 하	
若坐若經行	常思惟是事	
약 좌 약 경 행	상 사 유 시 사	
嗚呼深自責	云何而自欺	
오 호 심 자 책	운 하 이 자 기	
我等亦佛子	同入無漏法	
아 등 역 불 자	동 입 무 루 법	
不能於未來	演說無上道	
불 능 어 미 래	연 설 무 상 도	
金色三十二	十力諸解脫	
금 색 삼 십 이	십 력 제 해 탈	
同共一法中	而不得此事	
동 공 일 법 중	이 부 득 차 사	
八十種妙好	十八不共法	
팔 십 종 묘 호	십 팔 불 공 법	

如是等功德　而我皆已失
여 시 등 공 덕　이 아 개 이 실

我獨經行時　見佛在大衆
아 독 경 행 시　견 불 재 대 중

名聞滿十方　廣饒益衆生
명 문 만 시 방　광 요 익 중 생

自惟失此利　我爲自欺誑
자 유 실 차 리　아 위 자 기 광

我常於日夜　每思惟是事
아 상 어 일 야　매 사 유 시 사

欲以問世尊　爲失爲不失
욕 이 문 세 존　위 실 위 불 실

我常見世尊　稱讚諸菩薩
아 상 견 세 존　칭 찬 제 보 살

以是於日夜　籌量如此事
이 시 어 일 야　주 량 여 차 사

今聞佛音聲　隨宜而說法
금 문 불 음 성　수 의 이 설 법

無漏難思議　令衆至道場
무 루 난 사 의　영 중 지 도 량

我本著邪見	爲諸梵志師
아 본 착 사 견	위 제 범 지 사
世尊知我心	拔邪說涅槃
세 존 지 아 심	발 사 설 열 반
我悉除邪見	於空法得證
아 실 제 사 견	어 공 법 득 증
爾時心自謂	得至於滅度
이 시 심 자 위	득 지 어 멸 도
而今乃自覺	非是實滅度
이 금 내 자 각	비 시 실 멸 도
若得作佛時	具三十二相
약 득 작 불 시	구 삼 십 이 상
天人夜叉衆	龍神等恭敬
천 인 야 차 중	용 신 등 공 경
是時乃可謂	永盡滅無餘
시 시 내 가 위	영 진 멸 무 여
佛於大衆中	說我當作佛
불 어 대 중 중	설 아 당 작 불
聞如是法音	疑悔悉已除
문 여 시 법 음	의 회 실 이 제

初聞佛所說 心中大驚疑
초 문 불 소 설 심 중 대 경 의

將非魔作佛 惱亂我心耶
장 비 마 작 불 뇌 란 아 심 야

佛以種種緣 譬喩巧言說
불 이 종 종 연 비 유 교 언 설

其心安如海 我聞疑網斷
기 심 안 여 해 아 문 의 망 단

佛說過去世 無量滅度佛
불 설 과 거 세 무 량 멸 도 불

安住方便中 亦皆說是法
안 주 방 편 중 역 개 설 시 법

現在未來佛 其數無有量
현 재 미 래 불 기 수 무 유 량

亦以諸方便 演說如是法
역 이 제 방 편 연 설 여 시 법

如今者世尊 從生及出家
여 금 자 세 존 종 생 급 출 가

得道轉法輪 亦以方便說
득 도 전 법 륜 역 이 방 편 설

世尊說實道 波旬無此事
세존설실도 파순무차사

以是我定知 非是魔作佛
이시아정지 비시마작불

我墮疑網故 謂是魔所爲
아타의망고 위시마소위

聞佛柔軟音 深遠甚微妙
문불유연음 심원심미묘

演暢淸淨法 我心大歡喜
연창청정법 아심대환희

疑悔永已盡 安住實智中
의회영이진 안주실지중

我定當作佛 爲天人所敬
아정당작불 위천인소경

轉無上法輪 敎化諸菩薩
전무상법륜 교화제보살

爾時 佛告舍利弗 吾今於天
이시 불고사리불 오금어천

人 沙門婆羅門等 大衆中說
인 사문바라문등 대중중설

我昔曾 於二萬億佛所 爲無
아 석 증　어 이 만 억 불 소　위 무

上道故 常敎化汝 汝亦長夜
상 도 고　상 교 화 여　여 역 장 야

隨我受學 我以方便 引導汝
수 아 수 학　아 이 방 편　인 도 여

故 生我法中 舍利弗 我昔
고　생 아 법 중　사 리 불　아 석

敎汝 志願佛道 汝今悉忘
교 여　지 원 불 도　여 금 실 망

而便自謂 已得滅度 我今
이 변 자 위　이 득 멸 도　아 금

還欲令汝 憶念本願 所行道
환 욕 령 여　억 념 본 원　소 행 도

故 爲諸聲聞 說是大乘經
고　위 제 성 문　설 시 대 승 경

名妙法蓮華 敎菩薩法 佛所
명 묘 법 연 화　교 보 살 법　불 소

護念 舍利弗 汝於未來世
호 념　사 리 불　여 어 미 래 세

過無量無邊 不可思議劫 供
과 무 량 무 변　 불 가 사 의 겁　 공

養若干 千萬億佛 奉持正法
양 약 간　 천 만 억 불　 봉 지 정 법

具足菩薩 所行之道 當得作
구 족 보 살　 소 행 지 도　 당 득 작

佛 號曰華光如來 應供 正
불　 호 왈 화 광 여 래　 응 공　 정

遍知 明行足 善逝 世間解
변 지　 명 행 족　 선 서　 세 간 해

無上士 調御丈夫 天人師
무 상 사　 조 어 장 부　 천 인 사

佛世尊 國名離垢 其土平正
불 세 존　 국 명 이 구　 기 토 평 정

清淨嚴飾 安隱豊樂 天人熾
청 정 엄 식　 안 은 풍 락　 천 인 치

盛 琉璃爲地 有八交道 黃
성　 유 리 위 지　 유 팔 교 도　 황

金爲繩 以界其側 其傍各有
금 위 승　 이 계 기 측　 기 방 각 유

七寶行樹 常有華果 華光如
칠 보 항 수　상 유 화 과　화 광 여

來 亦以三乘 敎化衆生 舍
래　역 이 삼 승　교 화 중 생　사

利弗 彼佛出時 雖非惡世
리 불　피 불 출 시　수 비 악 세

以本願故 說三乘法 其劫名
이 본 원 고　설 삼 승 법　기 겁 명

大寶莊嚴 何故名曰 大寶莊
대 보 장 엄　하 고 명 왈　대 보 장

嚴 其國中 以菩薩 爲大寶
엄　기 국 중　이 보 살　위 대 보

故 彼諸菩薩 無量無邊 不
고　피 제 보 살　무 량 무 변　불

可思議 算數譬喩 所不能及
가 사 의　산 수 비 유　소 불 능 급

非佛智力 無能知者 若欲行
비 불 지 력　무 능 지 자　약 욕 행

時 寶華承足 此諸菩薩 非
시　보 화 승 족　차 제 보 살　비

제3 비유품

初發意 皆久植德本 於無量
초 발 의 개 구 식 덕 본 어 무 량

百千萬億佛所 淨修梵行 恒
백 천 만 억 불 소 정 수 범 행 항

爲諸佛之所稱歎 常修佛慧
위 제 불 지 소 칭 탄 상 수 불 혜

具大神通 善知一切 諸法之
구 대 신 통 선 지 일 체 제 법 지

門 質直無僞 志念堅固 如
문 질 직 무 위 지 념 견 고 여

是菩薩 充滿其國 舍利弗
시 보 살 충 만 기 국 사 리 불

華光佛壽 十二小劫 除爲王
화 광 불 수 십 이 소 겁 제 위 왕

子 未作佛時 其國人民 壽
자 미 작 불 시 기 국 인 민 수

八小劫 華光如來 過十二小
팔 소 겁 화 광 여 래 과 십 이 소

劫 授堅滿菩薩 阿耨多羅
겁 수 견 만 보 살 아 녹 다 라

三藐三菩提記 告諸比丘 是
삼 먁 삼 보 리 기　고 제 비 구　시

堅滿菩薩 次當作佛 號曰華
견 만 보 살　차 당 작 불　호 왈 화

足安行 多陀阿伽度 阿羅訶
족 안 행　다 타 아 가 도　아 라 하

三藐三佛陀 其佛國土 亦復
삼 먁 삼 불 타　기 불 국 토　역 부

如是 舍利弗 是華光佛 滅
여 시　사 리 불　시 화 광 불　멸

度之後 正法住世 三十二小
도 지 후　정 법 주 세　삼 십 이 소

劫 像法住世 亦三十二小劫
겁　상 법 주 세　역 삼 십 이 소 겁

爾時 世尊 欲重宣此義 而
이 시　세 존　욕 중 선 차 의　이

說偈言
설 게 언

舍利弗來世 成佛普智尊
사 리 불 내 세　성 불 보 지 존

號名曰華光 當度無量衆
호 명 왈 화 광　당 도 무 량 중

供養無數佛 具足菩薩行
공 양 무 수 불　구 족 보 살 행

十力等功德 證於無上道
십 력 등 공 덕　증 어 무 상 도

過無量劫已 劫名大寶嚴
과 무 량 겁 이　겁 명 대 보 엄

世界名離垢 淸淨無瑕穢
세 계 명 이 구　청 정 무 하 예

以琉璃爲地 金繩界其道
이 유 리 위 지　금 승 계 기 도

七寶雜色樹 常有華果實
칠 보 잡 색 수　상 유 화 과 실

彼國諸菩薩 志念常堅固
피 국 제 보 살　지 념 상 견 고

神通波羅蜜 皆已悉具足
신 통 바 라 밀　개 이 실 구 족

於無數佛所 善學菩薩道
어 무 수 불 소　선 학 보 살 도

如是等大士	華光佛所化
여 시 등 대 사	화 광 불 소 화

佛爲王子時　棄國捨世榮
불 위 왕 자 시　기 국 사 세 영

於最末後身　出家成佛道
어 최 말 후 신　출 가 성 불 도

華光佛住世　壽十二小劫
화 광 불 주 세　수 십 이 소 겁

其國人民衆　壽命八小劫
기 국 인 민 중　수 명 팔 소 겁

佛滅度之後　正法住於世
불 멸 도 지 후　정 법 주 어 세

三十二小劫　廣度諸衆生
삼 십 이 소 겁　광 도 제 중 생

正法滅盡已　像法三十二
정 법 멸 진 이　상 법 삼 십 이

舍利廣流布　天人普供養
사 리 광 유 포　천 인 보 공 양

華光佛所爲　其事皆如是
화 광 불 소 위　기 사 개 여 시

其兩足聖尊 最勝無倫匹
기 양 족 성 존　최 승 무 륜 필

彼卽是汝身 宜應自欣慶
피 즉 시 여 신　의 응 자 흔 경

爾時 四部衆 比丘比丘尼
이 시　사 부 중　비 구 비 구 니

優婆塞優婆夷 天龍夜叉 乾
우 바 새 우 바 이　천 룡 야 차　건

闥婆阿修羅 迦樓羅緊那羅
달 바 아 수 라　가 루 라 긴 나 라

摩睺羅伽等 大衆 見舍利弗
마 후 라 가 등　대 중　견 사 리 불

於佛前 受阿耨多羅三藐三
어 불 전　수 아 뇩 다 라 삼 먁 삼

菩提記 心大歡喜 踊躍無量
보 리 기　심 대 환 희　용 약 무 량

各各脫身 所著上衣 以供養
각 각 탈 신　소 착 상 의　이 공 양

佛 釋提桓因 梵天王等 與
불　석 제 환 인　범 천 왕 등　여

無數天子 亦以天妙衣 天曼
무 수 천 자 역 이 천 묘 의 천 만

陀羅華 摩訶曼陀羅華等 供
다 라 화 마 하 만 다 라 화 등 공

養於佛 所散天衣 住虛空中
양 어 불 소 산 천 의 주 허 공 중

而自廻轉 諸天伎樂 百千萬
이 자 회 전 제 천 기 악 백 천 만

種 於虛空中 一時俱作 雨
종 어 허 공 중 일 시 구 작 우

衆天華 而作是言 佛昔於
중 천 화 이 작 시 언 불 석 어

波羅㮈 初轉法輪 今乃復轉
바 라 나 초 전 법 륜 금 내 부 전

無上最大法輪 爾時 諸天子
무 상 최 대 법 륜 이 시 제 천 자

欲重宣此義 而說偈言
욕 중 선 차 의 이 설 게 언

昔於波羅㮈 轉四諦法輪
석 어 바 라 나 전 사 제 법 륜

제3 비유품 21

分別說諸法　五眾之生滅
분 별 설 제 법　오 중 지 생 멸

今復轉最妙　無上大法輪
금 부 전 최 묘　무 상 대 법 륜

是法甚深奧　少有能信者
시 법 심 심 오　소 유 능 신 자

我等從昔來　數聞世尊說
아 등 종 석 래　삭 문 세 존 설

未曾聞如是　深妙之上法
미 증 문 여 시　심 묘 지 상 법

世尊說是法　我等皆隨喜
세 존 설 시 법　아 등 개 수 희

大智舍利弗　今得受尊記
대 지 사 리 불　금 득 수 존 기

我等亦如是　必當得作佛
아 등 역 여 시　필 당 득 작 불

於一切世間　最尊無有上
어 일 체 세 간　최 존 무 유 상

佛道叵思議　方便隨宜說
불 도 파 사 의　방 편 수 의 설

我所有福業 今世若過世
아 소 유 복 업 금 세 약 과 세

及見佛功德 盡廻向佛道
급 견 불 공 덕 진 회 향 불 도

爾時 舍利弗 白佛言 世尊
이 시 사 리 불 백 불 언 세 존

我今 無復疑悔 親於佛前
아 금 무 부 의 회 친 어 불 전

得受阿耨多羅三藐三菩提
득 수 아 뇩 다 라 삼 먁 삼 보 리

記 是諸千二百 心自在者
기 시 제 천 이 백 심 자 재 자

昔住學地 佛常敎化言 我法
석 주 학 지 불 상 교 화 언 아 법

能離生老病死 究竟涅槃 是
능 리 생 로 병 사 구 경 열 반 시

學無學人 亦各自 以離我見
학 무 학 인 역 각 자 이 리 아 견

及有無見等 謂得涅槃 而今
급 유 무 견 등 위 득 열 반 이 금

於世尊前 聞所未聞 皆墮疑
어세존전 문소미문 개타의

惑 善哉世尊 願爲四衆 說
혹 선재세존 원위사중 설

其因緣 令離疑悔 爾時佛
기인연 영리의회 이시불

告舍利弗 我先不言 諸佛世
고사리불 아선불언 제불세

尊 以種種因緣 譬喻言辭
존 이종종인연 비유언사

方便說法 皆爲阿耨多羅三
방편설법 개위아뇩다라삼

藐三菩提耶 是諸所說 皆爲
먁삼보리야 시제소설 개위

化菩薩故 然舍利弗 今當復
화보살고 연사리불 금당부

以譬喻 更明此義 諸有智者
이비유 갱명차의 제유지자

以譬喻得解 舍利弗 若國邑
이비유득해 사리불 약국읍

聚落 有大長者 其年衰邁
취 락 유 대 장 자 기 년 쇠 매

財富無量 多有田宅 及諸僮
재 부 무 량 다 유 전 택 급 제 동

僕 其家廣大 唯有一門 多
복 기 가 광 대 유 유 일 문 다

諸人衆 一百二百 乃至五百
제 인 중 일 백 이 백 내 지 오 백

人 止住其中 堂閣朽故 牆
인 지 주 기 중 당 각 후 고 장

壁隤落 柱根腐敗 梁棟傾危
벽 퇴 락 주 근 부 패 양 동 경 위

周匝俱時 欻然火起 焚燒舍
주 잡 구 시 훌 연 화 기 분 소 사

宅 長者諸子 若十二十 或
택 장 자 제 자 약 십 이 십 혹

至三十 在此宅中 長者 見
지 삼 십 재 차 택 중 장 자 견

是大火 從四面起 卽大驚怖
시 대 화 종 사 면 기 즉 대 경 포

而作是念 我雖能於此 所燒
이 작 시 념　아 수 능 어 차　소 소

之門 安隱得出 而諸子等
지 문　안 은 득 출　이 제 자 등

於火宅內 樂著嬉戲 不覺不
어 화 택 내　낙 착 희 희　불 각 부

知 不驚不怖 火來逼身 苦
지　불 경 불 포　화 래 핍 신　고

痛切已 心不厭患 無求出意
통 절 이　심 불 염 환　무 구 출 의

舍利弗 是長者 作是思惟
사 리 불　시 장 자　작 시 사 유

我身手有力 當以衣裓 若以
아 신 수 유 력　당 이 의 극　약 이

机案 從舍出之 復更思惟
궤 안　종 사 출 지　부 갱 사 유

是舍 唯有一門 而復狹小
시 사　유 유 일 문　이 부 협 소

諸子幼稚 未有所識 戀著戲
제 자 유 치　미 유 소 식　연 착 희

| 處 | 或當墮落 | 爲火所燒 | 我 |
| 처 | 혹당타락 | 위화소소 | 아 |

當爲說 怖畏之事 此舍已燒
당위설 포외지사 차사이소

宜時疾出 無令爲火之所燒
의시질출 무령위화지소소

害 作是念已 如所思惟 具
해 작시념이 여소사유 구

告諸子 汝等速出 父雖憐愍
고제자 여등속출 부수연민

善言誘喩 而諸子等 樂著嬉
선언유유 이제자등 낙착희

戲 不肯信受 不驚不畏 了
희 불긍신수 불경불외 요

無出心 亦復不知 何者是火
무출심 역부부지 하자시화

何者爲舍 云何爲失 但東西
하자위사 운하위실 단동서

走戲 視父而已 爾時 長者
주희 시부이이 이시 장자

제3 비유품

即作是念 此舍已爲 大火所
즉 작 시 념　차 사 이 위　대 화 소

燒 我及諸子 若不時出 必
소　아 급 제 자　약 불 시 출　필

爲所焚 我今 當設方便 令
위 소 분　아 금　당 설 방 편　영

諸子等 得免斯害 父知諸子
제 자 등　득 면 사 해　부 지 제 자

先心各有所好 種種珍玩 奇
선 심 각 유 소 호　종 종 진 완　기

異之物 情必樂著 而告之言
이 지 물　정 필 락 착　이 고 지 언

汝等所可玩好 希有難得 汝
여 등 소 가 완 호　희 유 난 득　여

若不取 後必憂悔 如此種種
약 불 취　후 필 우 회　여 차 종 종

羊車鹿車牛車 今在門外 可
양 거 녹 거 우 거　금 재 문 외　가

以遊戲 汝等 於此火宅 宜
이 유 희　여 등　어 차 화 택　의

速出來 隨汝所欲 皆當與
속 출 래 수 여 소 욕 개 당 여

汝 爾時 諸子 聞父所說 珍
여 이 시 제 자 문 부 소 설 진

玩之物 適其願故 心各勇銳
완 지 물 적 기 원 고 심 각 용 예

互相推排 競共馳走 爭出火
호 상 퇴 배 경 공 치 주 쟁 출 화

宅 是時長者 見諸子等 安
택 시 시 장 자 견 제 자 등 안

隱得出 皆於四衢道中 露地
은 득 출 개 어 사 구 도 중 노 지

而坐 無復障礙 其心泰然
이 좌 무 부 장 애 기 심 태 연

歡喜踊躍 時諸子等 各白父
환 희 용 약 시 제 자 등 각 백 부

言 父先所許 玩好之具 羊
언 부 선 소 허 완 호 지 구 양

車鹿車牛車 願時賜與 舍利
거 녹 거 우 거 원 시 사 여 사 리

弗 爾時 長者 各賜諸子 等
불 이시 장자 각사제자 등

一大車 其車高廣 衆寶莊校
일대거 기거고광 중보장교

周匝欄楯 四面懸鈴 又於其
주잡난순 사면현령 우어기

上 張設憾蓋 亦以珍奇雜寶
상 장설헌개 역이진기잡보

而嚴飾之 寶繩絞絡 垂諸華
이엄식지 보승교락 수제화

纓 重敷婉筵 安置丹枕 駕
영 중부완연 안치단침 가

以白牛 膚色充潔 形體姝好
이백우 부색충결 형체주호

有大筋力 行步平正 其疾如
유대근력 행보평정 기질여

風 又多僕從 而侍衛之 所
풍 우다복종 이시위지 소

以者何 是大長者 財富無
이자하 시대장자 재부무

量 種種諸藏 悉皆充溢 而
량 종종제장 실개충일 이

作是念 我財物無極 不應以
작시념 아재물무극 불응이

下劣小車 與諸子等 今此幼
하열소거 여제자등 금차유

童 皆是吾子 愛無偏黨 我
동 개시오자 애무편당 아

有如是 七寶大車 其數無量
유여시 칠보대거 기수무량

應當等心 各各與之 不宜差
응당등심 각각여지 불의차

別 所以者何 以我此物 周
별 소이자하 이아차물 주

給一國 猶尚不匱 何況諸子
급일국 유상불궤 하황제자

是時諸子 各乘大車 得未曾
시시제자 각승대거 득미증

有 非本所望 舍利弗 於汝
유 비본소망 사리불 어여

意云何　是長者　等與諸子
의 운 하　시 장 자　등 여 제 자

珍寶大車　寧有虛妄不　舍利
진 보 대 거　영 유 허 망 부　사 리

弗言　不也世尊　是長者　但
불 언　불 야 세 존　시 장 자　단

令諸子　得免火難　全其軀命
령 제 자　득 면 화 난　전 기 구 명

非爲虛妄　何以故　若全身命
비 위 허 망　하 이 고　약 전 신 명

便爲已得　玩好之具　況復方
변 위 이 득　완 호 지 구　황 부 방

便　於彼火宅　而拔濟之　世
편　어 피 화 택　이 발 제 지　세

尊　若是長者　乃至不與　最
존　약 시 장 자　내 지 불 여　최

小一車　猶不虛妄　何以故
소 일 거　유 불 허 망　하 이 고

是長者　先作是意　我以方便
시 장 자　선 작 시 의　아 이 방 편

令子得出 以是因緣 無虛妄
영자득출 이시인연 무허망

也 何況長者 自知財富無量
야 하황장자 자지재부무량

欲饒益諸子 等與大車 佛告
욕요익제자 등여대거 불고

舍利弗 善哉善哉 如汝所言
사리불 선재선재 여여소언

舍利弗 如來 亦復如是 則
사리불 여래 역부여시 즉

爲一切世間之父 於諸怖畏
위일체세간지부 어제포외

衰惱憂患 無明闇蔽 永盡無
쇠뇌우환 무명암폐 영진무

餘 而悉成就 無量知見 力
여 이실성취 무량지견 역

無所畏 有大神力 及智慧力
무소외 유대신력 급지혜력

具足方便 智慧波羅蜜 大慈
구족방편 지혜바라밀 대자

大悲 常無懈倦 恒求善事
대비 상무해권 항구선사

利益一切 而生三界朽故火
이익일체 이생삼계후고화

宅 爲度衆生 生老病死憂
택 위도중생 생로병사우

悲苦惱 愚癡闇蔽 三毒之火
비고뇌 우치암폐 삼독지화

敎化令得 阿耨多羅三藐三
교화영득 아뇩다라삼먁삼

菩提 見諸衆生 爲生老病死
보리 견제중생 위생로병사

憂悲苦惱之所燒煮 亦以五
우비고뇌지소소자 역이오

欲財利故 受種種苦 又以貪
욕재리고 수종종고 우이탐

著追求故 現受衆苦 後受地
착추구고 현수중고 후수지

獄畜生 餓鬼之苦 若生天上
옥축생 아귀지고 약생천상

及在人間 貧窮困苦 愛別離
급 재 인 간　빈 궁 곤 고　애 별 리

苦 怨憎會苦 如是等 種種
고　원 증 회 고　여 시 등　종 종

諸苦 眾生 沒在其中 歡喜
제 고　중 생　몰 재 기 중　환 희

遊戲 不覺不知 不驚不怖
유 희　불 각 부 지　불 경 불 포

亦不生厭 不求解脫 於此三
역 불 생 염　불 구 해 탈　어 차 삼

界火宅 東西馳走 雖遭大苦
계 화 택　동 서 치 주　수 조 대 고

不以爲患 舍利弗 佛見此已
불 이 위 환　사 리 불　불 견 차 이

便作是念 我爲眾生之父 應
변 작 시 념　아 위 중 생 지 부　응

拔其苦難 與無量無邊 佛智
발 기 고 난　여 무 량 무 변　불 지

慧樂 令其遊戲 舍利弗 如
혜 락　영 기 유 희　사 리 불　여

來 復作是念 若我但以神力
래 부작시념 약아단이신력

及智慧力 捨於方便 爲諸衆
급지혜력 사어방편 위제중

生 讚如來知見 力無所畏
생 찬여래지견 역무소외

者 衆生不能 以是得度 所
자 중생불능 이시득도 소

以者何 是諸衆生 未免生老
이자하 시제중생 미면생로

病死 憂悲苦惱 而爲三界火
병사 우비고뇌 이위삼계화

宅所燒 何由能解 佛之智慧
택소소 하유능해 불지지혜

舍利弗 如彼長者 雖復身手
사리불 여피장자 수부신수

有力 而不用之 但以慇懃方
유력 이불용지 단이은근방

便 勉濟諸子 火宅之難 然
편 면제제자 화택지난 연

後 各與珍寶大車 如來 亦
후 각 여 진 보 대 거 여 래 역

復如是 雖有力無所畏 而不
부 여 시 수 유 력 무 소 외 이 불

用之 但以智慧方便 於三界
용 지 단 이 지 혜 방 편 어 삼 계

火宅 拔濟衆生 爲說三乘
화 택 발 제 중 생 위 설 삼 승

聲聞 辟支佛 佛乘 而作是
성 문 벽 지 불 불 승 이 작 시

言 汝等 莫得樂住 三界火
언 여 등 막 득 락 주 삼 계 화

宅 勿貪麁弊 色聲香味觸也
택 물 탐 추 폐 색 성 향 미 촉 야

若貪著生愛 則爲所燒 汝速
약 탐 착 생 애 즉 위 소 소 여 속

出三界 當得三乘 聲聞 辟
출 삼 계 당 득 삼 승 성 문 벽

支佛 佛乘 我今爲汝 保任
지 불 불 승 아 금 위 여 보 임

此事　終不虛也　汝等但當
차 사　종 불 허 야　여 등 단 당

勤修精進　如來　以是方便
근 수 정 진　여 래　이 시 방 편

誘進衆生　復作是言　汝等當
유 진 중 생　부 작 시 언　여 등 당

知　此三乘法　皆是聖所稱歎
지　차 삼 승 법　개 시 성 소 칭 탄

自在無繫　無所依求　乘是三
자 재 무 계　무 소 의 구　승 시 삼

乘　以無漏根力覺道　禪定解
승　이 무 루 근 력 각 도　선 정 해

脫　三昧等　而自娛樂　便得
탈　삼 매 등　이 자 오 락　변 득

無量　安隱快樂　舍利弗　若
무 량　안 은 쾌 락　사 리 불　약

有衆生　內有智性　從佛世尊
유 중 생　내 유 지 성　종 불 세 존

聞法信受　慇懃精進　欲速出
문 법 신 수　은 근 정 진　욕 속 출

三界 自求涅槃 是名聲聞乘
삼 계 자 구 열 반 시 명 성 문 승

如彼諸子 爲求羊車 出於火
여 피 제 자 위 구 양 거 출 어 화

宅 若有眾生 從佛世尊 聞
택 약 유 중 생 종 불 세 존 문

法信受 慇懃精進 求自然慧
법 신 수 은 근 정 진 구 자 연 혜

樂獨善寂 深知諸法因緣 是
낙 독 선 적 심 지 제 법 인 연 시

名辟支佛乘 如彼諸子 爲
명 벽 지 불 승 여 피 제 자 위

求鹿車 出於火宅 若有眾生
구 녹 거 출 어 화 택 약 유 중 생

從佛世尊 聞法信受 勤修精
종 불 세 존 문 법 신 수 근 수 정

進 求一切智 佛智 自然智
진 구 일 체 지 불 지 자 연 지

無師智 如來知見 力無所畏
무 사 지 여 래 지 견 역 무 소 외

愍念安樂　無量衆生　利益天
민 념 안 락　무 량 중 생　이 익 천

人　度脫一切　是名大乘　菩
인　도 탈 일 체　시 명 대 승　보

薩求此乘故　名爲摩訶薩　如
살 구 차 승 고　명 위 마 하 살　여

彼諸子　爲求牛車　出於火
피 제 자　위 구 우 거　출 어 화

宅　舍利弗　如彼長者　見諸
택　사 리 불　여 피 장 자　견 제

子等　安隱得出火宅　到無畏
자 등　안 은 득 출 화 택　도 무 외

處　自惟財富無量　等以大車
처　자 유 재 부 무 량　등 이 대 거

而賜諸子　如來亦復如是
이 사 제 자　여 래 역 부 여 시

爲一切衆生之父　若見無量
위 일 체 중 생 지 부　약 견 무 량

億千衆生　以佛敎門　出三界
억 천 중 생　이 불 교 문　출 삼 계

苦 怖畏險道 得涅槃樂 如
고 포외험도 득열반락 여

來爾時 便作是念 我有無量
래이시 변작시념 아유무량

無邊智慧 力無畏等 諸佛法
무변지혜 역무외등 제불법

藏 是諸衆生 皆是我子 等
장 시제중생 개시아자 등

與大乘 不令有人 獨得滅度
여대승 불령유인 독득멸도

皆以如來滅度 而滅度之 是
개이여래멸도 이멸도지 시

諸衆生 脫三界者 悉與諸佛
제중생 탈삼계자 실여제불

禪定解脫等 娛樂之具 皆是
선정해탈등 오락지구 개시

一相一種 聖所稱歎 能生淨
일상일종 성소칭탄 능생정

妙 第一之樂 舍利弗 如彼
묘 제일지락 사리불 여피

長者 初以三車 誘引諸子然
장자 초이삼거 유인제자연

後 但與大車 寶物莊嚴 安
후 단여대거 보물장엄 안

隱第一 然彼長者 無虛妄之
은제일 연피장자 무허망지

答 如來 亦復如是 無有虛
구 여래 역부여시 무유허

妄 初說三乘 引導衆生然後
망 초설삼승 인도중생연후

但以大乘 而度脫之 何以故
단이대승 이도탈지 하이고

如來 有無量智慧 力無所畏
여래 유무량지혜 역무소외

諸法之藏 能與一切衆生 大
제법지장 능여일체중생 대

乘之法 但不盡能受 舍利弗
승지법 단부진능수 사리불

以是因緣 當知 諸佛方便力
이시인연 당지 제불방편력

故 於一佛乘 分別說三 佛
고 어일불승 분별설삼 불

欲重宣此義 而說偈言
욕중선차의 이설게언

譬如長者 有一大宅
비여장자 유일대택

其宅久故 而復頓弊
기택구고 이부돈폐

堂舍高危 柱根摧朽
당사고위 주근최후

梁棟傾斜 基陛隤毀
양동경사 기폐퇴훼

牆壁圮坼 泥塗阤落
장벽비탁 이도치락

覆苫亂墜 椽梠差脫
부점난추 연려차탈

周障屈曲 雜穢充遍
주장굴곡 잡예충변

有五百人 止住其中
유오백인 지주기중

鴟梟雕鷲	烏鵲鳩鴿
치 효 조 취	오 작 구 합
蚖蛇蝮蠍	蜈蚣蚰蜒
원 사 복 갈	오 공 유 연
守宮百足	鼬貍鼷鼠
수 궁 백 족	유 리 혜 서
諸惡蟲輩	交橫馳走
제 악 충 배	교 횡 치 주
屎尿臭處	不淨流溢
시 뇨 취 처	부 정 유 일
蜣蜋諸蟲	而集其上
강 랑 제 충	이 집 기 상
狐狼野干	咀嚼踐踏
호 랑 야 간	저 작 천 답
嚌齧死屍	骨肉狼藉
제 설 사 시	골 육 낭 자
由是群狗	競來搏撮
유 시 군 구	경 래 박 촬
飢羸慞惶	處處求食
기 리 장 황	처 처 구 식

鬪諍攄掣 嗌嚌嘷吠
투 쟁 자 철　애 재 호 폐

其舍恐怖 變狀如是
기 사 공 포　변 상 여 시

處處皆有 魑魅魍魎
처 처 개 유　이 매 망 량

夜叉惡鬼 食噉人肉
야 차 악 귀　식 담 인 육

毒蟲之屬 諸惡禽獸
독 충 지 속　제 악 금 수

孚乳產生 各自藏護
부 유 산 생　각 자 장 호

夜叉競來 爭取食之
야 차 경 래　쟁 취 식 지

食之旣飽 惡心轉熾
식 지 기 포　악 심 전 치

鬪諍之聲 甚可怖畏
투 쟁 지 성　심 가 포 외

鳩槃茶鬼 蹲踞土埵
구 반 다 귀　준 거 토 타

제3 비유품 45

或時離地 一尺二尺
혹 시 이 지 　일 척 이 척

往返遊行 縱逸嬉戲
왕 반 유 행 　종 일 희 희

捉狗兩足 撲令失聲
착 구 양 족 　박 령 실 성

以脚加頸 怖狗自樂
이 각 가 경 　포 구 자 락

復有諸鬼 其身長大
부 유 제 귀 　기 신 장 대

裸形黑瘦 常住其中
나 형 흑 수 　상 주 기 중

發大惡聲 叫呼求食
발 대 악 성 　규 호 구 식

復有諸鬼 其咽如針
부 유 제 귀 　기 인 여 침

復有諸鬼 首如牛頭
부 유 제 귀 　수 여 우 두

或食人肉 或復噉狗
혹 식 인 육 　혹 부 담 구

頭髮蓬亂 殘害凶險
두 발 봉 란 잔 해 흉 험

飢渴所逼 叫喚馳走
기 갈 소 핍 규 환 치 주

夜叉餓鬼 諸惡鳥獸
야 차 아 귀 제 악 조 수

飢急四向 窺看窓牖
기 급 사 향 규 간 창 유

如是諸難 恐畏無量
여 시 제 난 공 외 무 량

是朽故宅 屬于一人
시 후 고 택 속 우 일 인

其人近出 未久之間
기 인 근 출 미 구 지 간

於後舍宅 忽然火起
어 후 사 택 홀 연 화 기

四面一時 其炎俱熾
사 면 일 시 기 염 구 치

棟梁椽柱 爆聲震裂
동 량 연 주 폭 성 진 열

摧折墮落 牆壁崩倒
최 절 타 락 장 벽 붕 도

諸鬼神等 揚聲大叫
제 귀 신 등 양 성 대 규

雕鷲諸鳥 鳩槃茶等
조 취 제 조 구 반 다 등

周慞惶怖 不能自出
주 장 황 포 불 능 자 출

惡獸毒蟲 藏竄孔穴
악 수 독 충 장 찬 공 혈

毘舍闍鬼 亦住其中
비 사 사 귀 역 주 기 중

薄福德故 爲火所逼
박 복 덕 고 위 화 소 핍

共相殘害 飮血噉肉
공 상 잔 해 음 혈 담 육

野干之屬 竝已前死
야 간 지 속 병 이 전 사

諸大惡獸 競來食噉
제 대 악 수 경 래 식 담

臭烟熢㶿 四面充塞
취 연 봉 발 사 면 충 색

蜈蚣蚰蜒 毒蛇之類
오 공 유 연 독 사 지 류

爲火所燒 爭走出穴
위 화 소 소 쟁 주 출 혈

鳩槃茶鬼 隨取而食
구 반 다 귀 수 취 이 식

又諸餓鬼 頭上火燃
우 제 아 귀 두 상 화 연

飢渴熱惱 周慞悶走
기 갈 열 뇌 주 장 민 주

其宅如是 甚可怖畏
기 택 여 시 심 가 포 외

毒害火災 衆難非一
독 해 화 재 중 난 비 일

是時宅主 在門外立
시 시 택 주 재 문 외 립

聞有人言 汝諸子等
문 유 인 언 여 제 자 등

제3 비유품 49

先因遊戲　來入此宅
선 인 유 희　내 입 차 택

稚小無知　歡娛樂著
치 소 무 지　환 오 락 착

長者聞已　驚入火宅
장 자 문 이　경 입 화 택

方宜救濟　令無燒害
방 의 구 제　영 무 소 해

告喻諸子　說眾患難
고 유 제 자　설 중 환 난

惡鬼毒蟲　災火蔓延
악 귀 독 충　재 화 만 연

眾苦次第　相續不絕
중 고 차 제　상 속 부 절

毒蛇蚖蝮　及諸夜叉
독 사 원 복　급 제 야 차

鳩槃茶鬼　野干狐狗
구 반 다 귀　야 간 호 구

雕鷲鵄梟　百足之屬
조 취 치 효　백 족 지 속

飢渇惱急　甚可怖畏
기 갈 뇌 급　심 가 포 외

此苦難處　況復大火
차 고 난 처　황 부 대 화

諸子無知　雖聞父誨
제 자 무 지　수 문 부 회

猶故樂著　嬉戲不已
유 고 락 착　희 희 불 이

是時長者　而作是念
시 시 장 자　이 작 시 념

諸子如此　益我愁惱
제 자 여 차　익 아 수 뇌

今此舍宅　無一可樂
금 차 사 택　무 일 가 락

而諸子等　耽湎嬉戲
이 제 자 등　탐 면 희 희

不受我教　將爲火害
불 수 아 교　장 위 화 해

卽便思惟　設諸方便
즉 변 사 유　설 제 방 편

告諸子等 我有種種
고 제 자 등 　 아 유 종 종

珍玩之具 妙寶好車
진 완 지 구 　 묘 보 호 거

羊車鹿車 大牛之車
양 거 녹 거 　 대 우 지 거

今在門外 汝等出來
금 재 문 외 　 여 등 출 래

吾爲汝等 造作此車
오 위 여 등 　 조 작 차 거

隨意所樂 可以遊戲
수 의 소 락 　 가 이 유 희

諸子聞說 如此諸車
제 자 문 설 　 여 차 제 거

卽時奔競 馳走而出
즉 시 분 경 　 치 주 이 출

到於空地 離諸苦難
도 어 공 지 　 이 제 고 난

長者見子 得出火宅
장 자 견 자 　 득 출 화 택

住於四衢	坐師子座
주 어 사 구	좌 사 자 좌

而自慶言	我今快樂
이 자 경 언	아 금 쾌 락

此諸子等	生育甚難
차 제 자 등	생 육 심 난

愚小無知	而入險宅
우 소 무 지	이 입 험 택

多諸毒蟲	魑魅可畏
다 제 독 충	이 매 가 외

大火猛炎	四面俱起
대 화 맹 염	사 면 구 기

而此諸子	貪樂嬉戲
이 차 제 자	탐 락 희 희

我已救之	令得脫難
아 이 구 지	영 득 탈 난

是故諸人	我今快樂
시 고 제 인	아 금 쾌 락

爾時諸子	知父安坐
이 시 제 자	지 부 안 좌

皆詣父所 而白父言
개 예 부 소　이 백 부 언

願賜我等 三種寶車
원 사 아 등　삼 종 보 거

如前所許 諸子出來
여 전 소 허　제 자 출 래

當以三車 隨汝所欲
당 이 삼 거　수 여 소 욕

今正是時 唯垂給與
금 정 시 시　유 수 급 여

長者大富 庫藏衆多
장 자 대 부　고 장 중 다

金銀琉璃 硨磲瑪瑙
금 은 유 리　자 거 마 노

以衆寶物 造諸大車
이 중 보 물　조 제 대 거

莊校嚴飾 周匝欄楯
장 교 엄 식　주 잡 난 순

四面懸鈴 金繩交絡
사 면 현 령　금 승 교 락

眞珠羅網	張施其上
진 주 라 망	장 시 기 상
金華諸瓔	處處垂下
금 화 제 영	처 처 수 하
衆綵雜飾	周匝圍繞
중 채 잡 식	주 잡 위 요
柔軟繒纊	以爲茵蓐
유 연 증 광	이 위 인 욕
上妙細氎	價直千億
상 묘 세 첩	가 치 천 억
鮮白淨潔	以覆其上
선 백 정 결	이 부 기 상
有大白牛	肥壯多力
유 대 백 우	비 장 다 력
形體姝好	以駕寶車
형 체 주 호	이 가 보 거
多諸儐從	而侍衛之
다 제 빈 종	이 시 위 지
以是妙車	等賜諸子
이 시 묘 거	등 사 제 자

諸子是時 歡喜踊躍
제 자 시 시 환 희 용 약

乘是寶車 遊於四方
승 시 보 거 유 어 사 방

嬉戲快樂 自在無礙
희 희 쾌 락 자 재 무 애

告舍利弗 我亦如是
고 사 리 불 아 역 여 시

衆聖中尊 世間之父
중 성 중 존 세 간 지 부

一切衆生 皆是吾子
일 체 중 생 개 시 오 자

深著世樂 無有慧心
심 착 세 락 무 유 혜 심

三界無安 猶如火宅
삼 계 무 안 유 여 화 택

衆苦充滿 甚可怖畏
중 고 충 만 심 가 포 외

常有生老 病死憂患
상 유 생 로 병 사 우 환

如是等火 熾然不息
여 시 등 화 치 연 불 식

如來已離 三界火宅
여 래 이 리 삼 계 화 택

寂然閑居 安處林野
적 연 한 거 안 처 임 야

今此三界 皆是我有
금 차 삼 계 개 시 아 유

其中眾生 悉是吾子
기 중 중 생 실 시 오 자

而今此處 多諸患難
이 금 차 처 다 제 환 난

唯我一人 能爲救護
유 아 일 인 능 위 구 호

雖復教詔 而不信受
수 부 교 조 이 불 신 수

於諸欲染 貪著深故
어 제 욕 염 탐 착 심 고

以是方便 爲說三乘
이 시 방 편 위 설 삼 승

令諸衆生　知三界苦
영 제 중 생　지 삼 계 고

開示演說　出世間道
개 시 연 설　출 세 간 도

是諸子等　若心決定
시 제 자 등　약 심 결 정

具足三明　及六神通
구 족 삼 명　급 육 신 통

有得緣覺　不退菩薩
유 득 연 각　불 퇴 보 살

汝舍利弗　我爲衆生
여 사 리 불　아 위 중 생

以此譬喩　說一佛乘
이 차 비 유　설 일 불 승

汝等若能　信受是語
여 등 약 능　신 수 시 어

一切皆當　得成佛道
일 체 개 당　득 성 불 도

是乘微妙　清淨第一
시 승 미 묘　청 정 제 일

於諸世間　爲無有上
어　제　세　간　위　무　유　상

佛所悅可　一切衆生
불　소　열　가　일　체　중　생

所應稱讚　供養禮拜
소　응　칭　찬　공　양　예　배

無量億千　諸力解脫
무　량　억　천　제　력　해　탈

禪定智慧　及佛餘法
선　정　지　혜　급　불　여　법

得如是乘　令諸子等
득　여　시　승　영　제　자　등

日夜劫數　常得遊戲
일　야　겁　수　상　득　유　희

與諸菩薩　及聲聞衆
여　제　보　살　급　성　문　중

乘此寶乘　直至道場
승　차　보　승　직　지　도　량

以是因緣　十方諦求
이　시　인　연　시　방　제　구

更無餘乘 除佛方便
갱 무 여 승 제 불 방 편

告舍利弗 汝諸人等
고 사 리 불 여 제 인 등

皆是吾子 我則是父
개 시 오 자 아 즉 시 부

汝等累劫 衆苦所燒
여 등 누 겁 중 고 소 소

我皆濟拔 令出三界
아 개 제 발 영 출 삼 계

我雖先說 汝等滅度
아 수 선 설 여 등 멸 도

但盡生死 而實不滅
단 진 생 사 이 실 불 멸

今所應作 唯佛智慧
금 소 응 작 유 불 지 혜

若有菩薩 於是衆中
약 유 보 살 어 시 중 중

能一心聽 諸佛實法
능 일 심 청 제 불 실 법

諸佛世尊　雖以方便
제 불 세 존　수 이 방 편

所化衆生　皆是菩薩
소 화 중 생　개 시 보 살

若人小智　深著愛欲
약 인 소 지　심 착 애 욕

爲此等故　說於苦諦
위 차 등 고　설 어 고 제

衆生心喜　得未曾有
중 생 심 희　득 미 증 유

佛說苦諦　眞實無異
불 설 고 제　진 실 무 이

若有衆生　不知苦本
약 유 중 생　부 지 고 본

深著苦因　不能暫捨
심 착 고 인　불 능 잠 사

爲是等故　方便說道
위 시 등 고　방 편 설 도

諸苦所因　貪欲爲本
제 고 소 인　탐 욕 위 본

若滅貪欲　無所依止
약 멸 탐 욕　무 소 의 지

滅盡諸苦　名第三諦
멸 진 제 고　명 제 삼 제

爲滅諦故　修行於道
위 멸 제 고　수 행 어 도

離諸苦縛　名得解脫
이 제 고 박　명 득 해 탈

是人於何　而得解脫
시 인 어 하　이 득 해 탈

但離虛妄　名爲解脫
단 리 허 망　명 위 해 탈

其實未得　一切解脫
기 실 미 득　일 체 해 탈

佛說是人　未實滅度
불 설 시 인　미 실 멸 도

斯人未得　無上道故
사 인 미 득　무 상 도 고

我意不欲　令至滅度
아 의 불 욕　영 지 멸 도

我爲法王 於法自在
아 위 법 왕　어 법 자 재

安隱衆生 故現於世
안 은 중 생　고 현 어 세

汝舍利弗 我此法印
여 사 리 불　아 차 법 인

爲欲利益 世間故說
위 욕 이 익　세 간 고 설

在所遊方 勿妄宣傳
재 소 유 방　물 망 선 전

若有聞者 隨喜頂受
약 유 문 자　수 희 정 수

當知是人 阿鞞跋致
당 지 시 인　아 비 발 치

若有信受 此經法者
약 유 신 수　차 경 법 자

是人已曾 見過去佛
시 인 이 증　견 과 거 불

恭敬供養 亦聞是法
공 경 공 양　역 문 시 법

若人有能 信汝所說
약 인 유 능　신 여 소 설
則爲見我 亦見於汝
즉 위 견 아　역 견 어 여
及比丘僧 幷諸菩薩
급 비 구 승　병 제 보 살
斯法華經 爲深智說
사 법 화 경　위 심 지 설
淺識聞之 迷惑不解
천 식 문 지　미 혹 불 해
一切聲聞 及辟支佛
일 체 성 문　급 벽 지 불
於此經中 力所不及
어 차 경 중　역 소 불 급
汝舍利弗 尚於此經
여 사 리 불　상 어 차 경
以信得入 況餘聲聞
이 신 득 입　황 여 성 문
其餘聲聞 信佛語故
기 여 성 문　신 불 어 고

隨順此經　非己智分
수　순　차　경　비　기　지　분

又舍利弗　憍慢懈怠
우　사　리　불　교　만　해　태

計我見者　莫說此經
계　아　견　자　막　설　차　경

凡夫淺識　深著五欲
범　부　천　식　심　착　오　욕

聞不能解　亦勿爲說
문　불　능　해　역　물　위　설

若人不信　毀謗此經
약　인　불　신　훼　방　차　경

則斷一切　世間佛種
즉　단　일　체　세　간　불　종

或復顰蹙　而懷疑惑
혹　부　빈　축　이　회　의　혹

汝當聽說　此人罪報
여　당　청　설　차　인　죄　보

若佛在世　若滅度後
약　불　재　세　약　멸　도　후

其有誹謗 如斯經典
기 유 비 방　여 사 경 전

見有讀誦 書持經者
견 유 독 송　서 지 경 자

輕賤憎嫉 而懷結恨
경 천 증 질　이 회 결 한

此人罪報 汝今復聽
차 인 죄 보　여 금 부 청

其人命終 入阿鼻獄
기 인 명 종　입 아 비 옥

具足一劫 劫盡更生
구 족 일 겁　겁 진 갱 생

如是展轉 至無數劫
여 시 전 전　지 무 수 겁

從地獄出 當墮畜生
종 지 옥 출　당 타 축 생

若狗野干 其形頕瘦
약 구 야 간　기 형 굴 수

黧黮疥癩 人所觸嬈
이 담 개 라　인 소 촉 요

又復爲人 之所惡賤
우 부 위 인　지 소 오 천

常困飢渴 骨肉枯竭
상 곤 기 갈　골 육 고 갈

生受楚毒 死被瓦石
생 수 초 독　사 피 와 석

斷佛種故 受斯罪報
단 불 종 고　수 사 죄 보

若作駱駝 或生驢中
약 작 낙 타　혹 생 노 중

身常負重 加諸杖捶
신 상 부 중　가 제 장 추

但念水草 餘無所知
단 념 수 초　여 무 소 지

謗斯經故 獲罪如是
방 사 경 고　획 죄 여 시

有作野干 來入聚落
유 작 야 간　내 입 취 락

身體疥癩 又無一目
신 체 개 라　우 무 일 목

爲諸童子 之所打擲
위 제 동 자　지 소 타 척

受諸苦痛 或時致死
수 제 고 통　혹 시 치 사

於此死已 更受蟒身
어 차 사 이　갱 수 망 신

其形長大 五百由旬
기 형 장 대　오 백 유 순

聾騃無足 宛轉腹行
농 애 무 족　완 전 복 행

爲諸小蟲 之所唼食
위 제 소 충　지 소 잡 식

晝夜受苦 無有休息
주 야 수 고　무 유 휴 식

謗斯經故 獲罪如是
방 사 경 고　획 죄 여 시

若得爲人 諸根闇鈍
약 득 위 인　제 근 암 둔

矬陋攣躄 盲聾背傴
좌 누 연 벽　맹 농 배 구

有所言說	人不信受
유 소 언 설	인 불 신 수

口氣常臭	鬼魅所著
구 기 상 취	귀 매 소 착

貧窮下賤	爲人所使
빈 궁 하 천	위 인 소 사

多病痟瘦	無所依怙
다 병 소 수	무 소 의 호

雖親附人	人不在意
수 친 부 인	인 부 재 의

若有所得	尋復忘失
약 유 소 득	심 부 망 실

若修醫道	順方治病
약 수 의 도	순 방 치 병

更增他疾	或復致死
갱 증 타 질	혹 부 치 사

若自有病	無人救療
약 자 유 병	무 인 구 료

設服良藥	而復增劇
설 복 양 약	이 부 증 극

若他反逆　抄劫竊盜
약　타　반　역　　초　겁　절　도

如是等罪　橫罹其殃
여　시　등　죄　　횡　리　기　앙

如斯罪人　永不見佛
여　사　죄　인　　영　불　견　불

衆聖之王　說法教化
중　성　지　왕　　설　법　교　화

如斯罪人　常生難處
여　사　죄　인　　상　생　난　처

狂聾心亂　永不聞法
광　농　심　란　　영　불　문　법

於無數劫　如恒河沙
어　무　수　겁　　여　항　하　사

生輒聾瘂　諸根不具
생　첩　농　아　　제　근　불　구

常處地獄　如遊園觀
상　처　지　옥　　여　유　원　관

在餘惡道　如己舍宅
재　여　악　도　　여　기　사　택

駝驢猪狗　是其行處
타 로 저 구　시 기 행 처

謗斯經故　獲罪如是
방 사 경 고　획 죄 여 시

若得爲人　聾盲瘖瘂
약 득 위 인　농 맹 음 아

貧窮諸衰　以自莊嚴
빈 궁 제 쇠　이 자 장 엄

水腫乾痟　疥癩癰疽
수 종 건 소　개 나 옹 저

如是等病　以爲衣服
여 시 등 병　이 위 의 복

身常臭處　垢穢不淨
신 상 취 처　구 예 부 정

深著我見　增益瞋恚
심 착 아 견　증 익 진 에

婬欲熾盛　不擇禽獸
음 욕 치 성　불 택 금 수

謗斯經故　獲罪如是
방 사 경 고　획 죄 여 시

告舍利弗 謗斯經者
고 사 리 불　방 사 경 자

若說其罪 窮劫不盡
약 설 기 죄　궁 겁 부 진

以是因緣 我故語汝
이 시 인 연　아 고 어 여

無智人中 莫說此經
무 지 인 중　막 설 차 경

若有利根 智慧明了
약 유 이 근　지 혜 명 료

多聞強識 求佛道者
다 문 강 식　구 불 도 자

如是之人 乃可爲說
여 시 지 인　내 가 위 설

若人曾見 億百千佛
약 인 증 견　억 백 천 불

植諸善本 深心堅固
식 제 선 본　심 심 견 고

如是之人 乃可爲說
여 시 지 인　내 가 위 설

若人精進 常修慈心
약 인 정 진 상 수 자 심
不惜身命 乃可爲說
불 석 신 명 내 가 위 설
若人恭敬 無有異心
약 인 공 경 무 유 이 심
離諸凡愚 獨處山澤
이 제 범 우 독 처 산 택
如是之人 乃可爲說
여 시 지 인 내 가 위 설
又舍利弗 若見有人
우 사 리 불 약 견 유 인
捨惡知識 親近善友
사 악 지 식 친 근 선 우
如是之人 乃可爲說
여 시 지 인 내 가 위 설
若見佛子 持戒淸潔
약 견 불 자 지 계 청 결
如淨明珠 求大乘經
여 정 명 주 구 대 승 경

如是之人　乃可爲說
여 시 지 인　내 가 위 설

若人無瞋　質直柔軟
약 인 무 진　질 직 유 연

常愍一切　恭敬諸佛
상 민 일 체　공 경 제 불

如是之人　乃可爲說
여 시 지 인　내 가 위 설

復有佛子　於大衆中
부 유 불 자　어 대 중 중

以淸淨心　種種因緣
이 청 정 심　종 종 인 연

譬喩言辭　說法無礙
비 유 언 사　설 법 무 애

如是之人　乃可爲說
여 시 지 인　내 가 위 설

若有比丘　爲一切智
약 유 비 구　위 일 체 지

四方求法　合掌頂受
사 방 구 법　합 장 정 수

但樂受持 大乘經典
단 락 수 지 대 승 경 전

乃至不受 餘經一偈
내 지 불 수 여 경 일 게

如是之人 乃可爲說
여 시 지 인 내 가 위 설

如人至心 求佛舍利
여 인 지 심 구 불 사 리

如是求經 得已頂受
여 시 구 경 득 이 정 수

其人不復 志求餘經
기 인 불 부 지 구 여 경

亦未曾念 外道典籍
역 미 증 념 외 도 전 적

如是之人 乃可爲說
여 시 지 인 내 가 위 설

告舍利弗 我說是相
고 사 리 불 아 설 시 상

求佛道者 窮劫不盡
구 불 도 자 궁 겁 부 진

如是等人　則能信解
여 시 등 인　즉 능 신 해

汝當爲說　妙法華經
여 당 위 설　묘 법 화 경

信解品 第四
신 해 품 제 사

爾時 慧命須菩提 摩訶迦
이시 혜명수보리 마하가

旃延 摩訶迦葉 摩訶目犍
전연 마하가섭 마하목건

連 從佛所聞 未曾有法 世
련 종불소문 미증유법 세

尊 授舍利弗 阿耨多羅三
존 수사리불 아뇩다라삼

藐三菩提記 發希有心 歡喜
먁삼보리기 발희유심 환희

踊躍 即從座起 整衣服 偏
용약 즉종좌기 정의복 편

袒右肩 右膝著地 一心合掌
단우견 우슬착지 일심합장

曲躬恭敬 瞻仰尊顔 而白佛
곡 궁 공 경　첨 앙 존 안　이 백 불

言 我等 居僧之首 年竝朽
언　아 등　거 승 지 수　연 병 후

邁 自謂已得涅槃 無所堪任
매　자 위 이 득 열 반　무 소 감 임

不復進求 阿耨多羅三藐三
불 부 진 구　아 뇩 다 라 삼 먁 삼

菩提 世尊往昔說法旣久 我
보 리　세 존 왕 석 설 법 기 구　아

時在座 身體疲懈 但念空
시 재 좌　신 체 피 해　단 념 공

無相無作 於菩薩法 遊戲神
무 상 무 작　어 보 살 법　유 희 신

通 淨佛國土 成就衆生 心
통　정 불 국 토　성 취 중 생　심

不喜樂 所以者何 世尊 令
불 희 락　소 이 자 하　세 존　영

我等 出於三界 得涅槃證
아 등　출 어 삼 계　득 열 반 증

又今我等　年已朽邁　於佛教
우 금 아 등　연 이 후 매　어 불 교

化菩薩　阿耨多羅三藐三菩
화 보 살　아 녹 다 라 삼 먁 삼 보

提　不生一念　好樂之心　我
리　불 생 일 념　호 락 지 심　아

等　今於佛前　聞授聲聞　阿
등　금 어 불 전　문 수 성 문　아

耨多羅三藐三菩提記　心甚
녹 다 라 삼 먁 삼 보 리 기　심 심

歡喜　得未曾有　不謂於今
환 희　득 미 증 유　불 위 어 금

忽然得聞　希有之法　深自慶
홀 연 득 문　희 유 지 법　심 자 경

幸　獲大善利　無量珍寶　不
행　획 대 선 리　무 량 진 보　불

求自得　世尊　我等今者　樂
구 자 득　세 존　아 등 금 자　요

說譬喩　以明斯義　譬若有人
설 비 유　이 명 사 의　비 약 유 인

年旣幼稚 捨父逃逝 久住他
연 기 유 치　사 부 도 서　구 주 타

國 或十二十 至五十歲 年
국　혹 십 이 십　지 오 십 세　연

旣長大 加復窮困 馳騁四方
기 장 대　가 부 궁 곤　치 빙 사 방

以求衣食 漸漸遊行 遇向本
이 구 의 식　점 점 유 행　우 향 본

國 其父先來 求子不得 中
국　기 부 선 래　구 자 부 득　중

止一城 其家大富 財寶無量
지 일 성　기 가 대 부　재 보 무 량

金銀琉璃 珊瑚虎珀 玻瓈珠
금 은 유 리　산 호 호 박　파 려 주

等 其諸倉庫 悉皆盈溢 多
등　기 제 창 고　실 개 영 일　다

有僮僕 臣佐吏民 象馬車乘
유 동 복　신 좌 이 민　상 마 거 승

牛羊無數 出入息利 乃遍他
우 양 무 수　출 입 식 리　내 변 타

國 商估賈客 亦甚衆多 時
국 상고고객 역심중다 시

貧窮子 遊諸聚落 經歷國邑
빈궁자 유제취락 경력국읍

遂到其父 所止之城 父每念
수도기부 소지지성 부매념

子 與子離別 五十餘年 而
자 여자이별 오십여년 이

未曾向人 說如此事 但自思
미증향인 설여차사 단자사

惟 心懷悔恨 自念老朽 多
유 심회회한 자념노후 다

有財物 金銀珍寶 倉庫盈溢
유재물 금은진보 창고영일

無有子息 一旦終沒 財物散
무유자식 일단종몰 재물산

失 無所委付 是以慇懃 每
실 무소위부 시이은근 매

憶其子 復作是念 我若得子
억기자 부작시념 아약득자

委付財物 坦然快樂 無復憂
위부재물 탄연쾌락 무부우

慮 世尊 爾時窮子 傭賃展
려 세존 이시궁자 용임전

轉 遇到父舍 住立門側 遙
전 우도부사 주립문측 요

見其父 踞師子床 寶机承足
견기부 거사자상 보궤승족

諸婆羅門 刹利居士 皆恭敬
제바라문 찰리거사 개공경

圍繞 以眞珠瓔珞 價直千萬
위요 이진주영락 가치천만

莊嚴其身 吏民僮僕 手執白
장엄기신 이민동복 수집백

拂 侍立左右 覆以寶帳 垂
불 시립좌우 부이보장 수

諸華幡 香水灑地 散衆名華
제화번 향수쇄지 산중명화

羅列寶物 出內取與 有如是
나열보물 출납취여 유여시

等　種種嚴飾　威德特尊　窮
등　종종엄식　위덕특존　궁

子見父　有大力勢　即懷恐怖
자견부　유대력세　즉회공포

悔來至此　竊作是念　此或是
회래지차　절작시념　차혹시

王　或是王等　非我傭力　得
왕　혹시왕등　비아용력　득

物之處　不如往至貧里　肆
물지처　불여왕지빈리　사

力有地　衣食易得　若久住
력유지　의식이득　약구주

此　或見逼迫　強使我作　作
차　혹견핍박　강사아작　작

是念已　疾走而去　時富長
시념이　질주이거　시부장

者　於師子座　見子便識　心
자　어사자좌　견자변식　심

大歡喜　即作是念　我財物庫
대환희　즉작시념　아재물고

藏 今有所付 我常思念此子
장 금유소부 아상사념차자

無由見之 而忽自來 甚適我
무유견지 이홀자래 심적아

願 我雖年朽 猶故貪惜 卽
원 아수년후 유고탐석 즉

遣傍人 急追將還 爾時 使
견방인 급추장환 이시 사

者 疾走往捉 窮子驚愕 稱
자 질주왕착 궁자경악 칭

怨大喚 我不相犯 何爲見捉
원대환 아불상범 하위견착

使者執之愈急 強牽將還 于
사자집지유급 강견장환 우

時 窮子自念 無罪而被囚執
시 궁자자념 무죄이피수집

此必定死 轉更惶怖 悶絕躄
차필정사 전갱황포 민절벽

地 父遙見之 而語使言 不
지 부요견지 이어사언 불

須此人	勿強將來	以冷水灑
수 차 인	물 강 장 래	이 냉 수 쇄
面	令得醒悟	莫復與語	所
면	영 득 성 오	막 부 여 어	소
以者何	父知其子	志意下劣
이 자 하	부 지 기 자	지 의 하 열
自知豪貴	爲子所難	審知是
자 지 호 귀	위 자 소 난	심 지 시
子	而以方便	不語他人	云
자	이 이 방 편	불 어 타 인	운
是我子	使者語之	我今放汝
시 아 자	사 자 어 지	아 금 방 여
隨意所趣	窮子歡喜	得未曾
수 의 소 취	궁 자 환 희	득 미 증
有	從地而起	往至貧里	以
유	종 지 이 기	왕 지 빈 리	이
求衣食	爾時	長者	將欲誘
구 의 식	이 시	장 자	장 욕 유
引其子	而設方便	密遣二人
인 기 자	이 설 방 편	밀 견 이 인

形色憔悴 無威德者 汝可詣
형색초췌 무위덕자 여가예

彼 徐語窮子 此有作處 倍
피 서어궁자 차유작처 배

與汝直 窮子若許 將來使作
여여치 궁자약허 장래사작

若言欲何所作 便可語之 雇
약언욕하소작 변가어지 고

汝除糞 我等二人 亦共汝作
여제분 아등이인 역공여작

時二使人 卽求窮子 旣已得
시이사인 즉구궁자 기이득

之 具陳上事 爾時 窮子 先
지 구진상사 이시 궁자 선

取其價 尋與除糞 其父見子
취기가 심여제분 기부견자

愍而怪之 又以他日 於窓牖
민이괴지 우이타일 어창유

中 遙見子身 羸瘦憔悴 糞
중 요견자신 이수초췌 분

土塵坌 污穢不淨 卽脫瓔珞
토 진 분 오 예 부 정 즉 탈 영 락

細軟上服 嚴飾之具 更著麤
세 연 상 복 엄 식 지 구 갱 착 추

弊 垢膩之衣 塵土坌身 右
폐 구 이 지 의 진 토 분 신 우

手執持 除糞之器 狀有所畏
수 집 지 제 분 지 기 상 유 소 외

語諸作人 汝等勤作 勿得懈
어 제 작 인 여 등 근 작 물 득 해

息 以方便故 得近其子 後
식 이 방 편 고 득 근 기 자 후

復告言 咄男子 汝常此作
부 고 언 돌 남 자 여 상 차 작

勿復餘去 當加汝價 諸有所
물 부 여 거 당 가 여 가 제 유 소

須 瓫器米麵 鹽醋之屬 莫
수 분 기 미 면 염 초 지 속 막

自疑難 亦有老弊使人 須者
자 의 난 역 유 노 폐 사 인 수 자

相給 好自安意 我如汝父
상급 호자안의 아여여부

勿復憂慮 所以者何 我年老
물부우려 소이자하 아년노

大 而汝少壯 汝常作時 無
대 이여소장 여상작시 무

有欺怠 瞋恨怨言 都不見汝
유기태 진한원언 도불견여

有此諸惡 如餘作人 自今已
유차제악 여여작인 자금이

後 如所生子 即時長者 更
후 여소생자 즉시장자 갱

與作字 名之爲兒 爾時窮
여작자 명지위아 이시궁

子 雖欣此遇 猶故自謂 客
자 수흔차우 유고자위 객

作賤人 由是之故 於二十年
작천인 유시지고 어이십년

中 常令除糞 過是已後 心
중 상령제분 과시이후 심

相體信 入出無難 然其所止
상 체 신 입 출 무 난 연 기 소 지

猶在本處 世尊 爾時 長者
유 재 본 처 세 존 이 시 장 자

有疾 自知將死不久 語窮子
유 질 자 지 장 사 불 구 어 궁 자

言 我今多有 金銀珍寶 倉
언 아 금 다 유 금 은 진 보 창

庫盈溢 其中多少 所應取與
고 영 일 기 중 다 소 소 응 취 여

汝悉知之 我心如是 當體此
여 실 지 지 아 심 여 시 당 체 차

意 所以者何 今我與汝 便
의 소 이 자 하 금 아 여 여 변

爲不異 宜加用心 無令漏
위 불 이 의 가 용 심 무 령 누

失 爾時 窮子 卽受敎勅 領
실 이 시 궁 자 즉 수 교 칙 영

知衆物 金銀珍寶 及諸庫藏
지 중 물 금 은 진 보 급 제 고 장

而無悕取 一餐之意 然其所
이 무 희 취 일 찬 지 의 연 기 소

止 故在本處 下劣之心 亦
지 고 재 본 처 하 열 지 심 역

未能捨 復經少時 父知子意
미 능 사 부 경 소 시 부 지 자 의

漸已通泰 成就大志 自鄙先
점 이 통 태 성 취 대 지 자 비 선

心 臨欲終時 而命其子 幷
심 임 욕 종 시 이 명 기 자 병

會親族 國王大臣 刹利居士
회 친 족 국 왕 대 신 찰 리 거 사

皆悉已集 卽自宣言 諸君當
개 실 이 집 즉 자 선 언 제 군 당

知 此是我子 我之所生 於
지 차 시 아 자 아 지 소 생 어

某城中 捨吾逃走 伶俜辛苦
모 성 중 사 오 도 주 영 빙 신 고

五十餘年 其本字某 我名某
오 십 여 년 기 본 자 모 아 명 모

甲 昔在本城 懷憂推覓 忽
갑 석재본성 회우추멱 홀

於此間 遇會得之 此實我子
어차간 우회득지 차실아자

我實其父 今我所有 一切財
아실기부 금아소유 일체재

物 皆是子有 先所出內 是
물 개시자유 선소출납 시

子所知 世尊 是時窮子 聞
자소지 세존 시시궁자 문

父此言 即大歡喜 得未曾有
부차언 즉대환희 득미증유

而作是念 我本無心 有所希
이작시념 아본무심 유소희

求 今此寶藏 自然而至 世
구 금차보장 자연이지 세

尊 大富長者 則是如來 我
존 대부장자 즉시여래 아

等 皆似佛子 如來常說 我
등 개사불자 여래상설 아

等爲子 世尊 我等 以三苦
등 위 자 세 존 아 등 이 삼 고

故 於生死中 受諸熱惱 迷
고 어 생 사 중 수 제 열 뇌 미

惑無知 樂著小法 今日世尊
혹 무 지 낙 착 소 법 금 일 세 존

令我等 思惟蠲除 諸法戲論
영 아 등 사 유 견 제 제 법 희 론

之糞 我等於中 勤加精進
지 분 아 등 어 중 근 가 정 진

得至涅槃一日之價 旣得此
득 지 열 반 일 일 지 가 기 득 차

已 心大歡喜 自以爲足 而
이 심 대 환 희 자 이 위 족 이

便自謂 於佛法中 勤精進故
변 자 위 어 불 법 중 근 정 진 고

所得弘多 然世尊 先知我等
소 득 홍 다 연 세 존 선 지 아 등

心著弊欲 樂於小法 便見縱
심 착 폐 욕 낙 어 소 법 변 견 종

捨不爲分別 汝等 當有如
사 불 위 분 별 여 등 당 유 여

來知見 寶藏之分 世尊 以
래 지 견 보 장 지 분 세 존 이

方便力 說如來智慧 我等從
방 편 력 설 여 래 지 혜 아 등 종

佛 得涅槃一日之價 以爲大
불 득 열 반 일 일 지 가 이 위 대

得 於此大乘 無有志求 我
득 어 차 대 승 무 유 지 구 아

等 又因如來智慧 爲諸菩薩
등 우 인 여 래 지 혜 위 제 보 살

開示演說 而自於此 無有志
개 시 연 설 이 자 어 차 무 유 지

願 所以者何 佛知我等 心
원 소 이 자 하 불 지 아 등 심

樂小法 以方便力 隨我等說
요 소 법 이 방 편 력 수 아 등 설

而我等 不知眞是佛子 今我
이 아 등 부 지 진 시 불 자 금 아

等 方知世尊 於佛智慧無所
등 방지세존 어불지혜무소

悋惜 所以者何 我等昔來
린석 소이자하 아등석래

眞是佛子 而但樂小法 若我
진시불자 이단락소법 약아

等 有樂大之心 佛則爲我
등 유낙대지심 불즉위아

說大乘法 於此經中 唯說一
설대승법 어차경중 유설일

乘 而昔於菩薩前 毀呰聲聞
승 이석어보살전 훼자성문

樂小法者 然 佛實以大乘教
요소법자 연 불실이대승교

化 是故我等說 本無心有所
화 시고아등설 본무심유소

悕求 今法王大寶 自然而至
희구 금법왕대보 자연이지

如佛子 所應得者 皆已得之
여불자 소응득자 개이득지

爾時 摩訶迦葉 欲重宣此義
이 시 마 하 가 섭 　 욕 중 선 차 의

而說偈言
이 설 게 언

我等今日 聞佛音教
아 등 금 일 　 문 불 음 교

歡喜踊躍 得未曾有
환 희 용 약 　 득 미 증 유

佛說聲聞 當得作佛
불 설 성 문 　 당 득 작 불

無上寶聚 不求自得
무 상 보 취 　 불 구 자 득

譬如童子 幼稚無識
비 여 동 자 　 유 치 무 식

捨父逃逝 遠到他土
사 부 도 서 　 원 도 타 토

周流諸國 五十餘年
주 류 제 국 　 오 십 여 년

其父憂念 四方推求
기 부 우 념 　 사 방 추 구

求之旣疲 頓止一城
구 지 기 피　돈 지 일 성

造立舍宅 五欲自娛
조 립 사 택　오 욕 자 오

其家巨富 多諸金銀
기 가 거 부　다 제 금 은

硨磲瑪瑙 眞珠琉璃
자 거 마 노　진 주 유 리

象馬牛羊 輦輿車乘
상 마 우 양　연 여 거 승

田業僮僕 人民衆多
전 업 동 복　인 민 중 다

出入息利 乃遍他國
출 입 식 리　내 변 타 국

商估賈人 無處不有
상 고 고 인　무 처 불 유

千萬億衆 圍繞恭敬
천 만 억 중　위 요 공 경

常爲王者 之所愛念
상 위 왕 자　지 소 애 념

群臣豪族 皆共宗重
군 신 호 족　개 공 종 중

以諸緣故 往來者衆
이 제 연 고　왕 래 자 중

豪富如是 有大力勢
호 부 여 시　유 대 력 세

而年朽邁 益憂念子
이 년 후 매　익 우 념 자

夙夜惟念 死時將至
숙 야 유 념　사 시 장 지

癡子捨我 五十餘年
치 자 사 아　오 십 여 년

庫藏諸物 當如之何
고 장 제 물　당 여 지 하

爾時窮子 求索衣食
이 시 궁 자　구 색 의 식

從邑至邑 從國至國
종 읍 지 읍　종 국 지 국

或有所得 或無所得
혹 유 소 득　혹 무 소 득

飢餓羸瘦　體生瘡癬
기 아 리 수　체 생 창 선

漸次經歷　到父住城
점 차 경 력　도 부 주 성

傭賃展轉　遂至父舍
용 임 전 전　수 지 부 사

爾時長者　於其門內
이 시 장 사　어 기 문 내

施大寶帳　處師子座
시 대 보 장　처 사 자 좌

眷屬圍遶　諸人侍衛
권 속 위 요　제 인 시 위

或有計算　金銀寶物
혹 유 계 산　금 은 보 물

出內財産　注記券疏
출 납 재 산　주 기 권 소

窮子見父　豪貴尊嚴
궁 자 견 부　호 귀 존 엄

謂是國王　若是王等
위 시 국 왕　약 시 왕 등

驚怖自怪 何故至此
경 포 자 괴　하 고 지 차

覆自念言 我若久住
부 자 념 언　아 약 구 주

或見逼迫 強驅使作
혹 견 핍 박　강 구 사 작

思惟是已 馳走而去
사 유 시 이　치 주 이 거

借問貧里 欲往傭作
차 문 빈 리　욕 왕 용 작

長者是時 在師子座
장 자 시 시　재 사 자 좌

遙見其子 默而識之
요 견 기 자　묵 이 식 지

即勅使者 追捉將來
즉 칙 사 자　추 착 장 래

窮子驚喚 迷悶躄地
궁 자 경 환　미 민 벽 지

是人執我 必當見殺
시 인 집 아　필 당 견 살

何用衣食 使我至此
하 용 의 식　사 아 지 차

長者知子 愚癡狹劣
장 자 지 자　우 치 협 열

不信我言 不信是父
불 신 아 언　불 신 시 부

卽以方便 更遣餘人
즉 이 방 편　갱 견 여 인

眇目矬陋 無威德者
묘 목 좌 루　무 위 덕 자

汝可語之 云當相雇
여 가 어 지　운 당 상 고

除諸糞穢 倍與汝價
제 제 분 예　배 여 여 가

窮子聞之 歡喜隨來
궁 자 문 지　환 희 수 래

爲除糞穢 淨諸房舍
위 제 분 예　정 제 방 사

長者於牖 常見其子
장 자 어 유　상 견 기 자

念子愚劣　樂爲鄙事
염 자 우 열　낙 위 비 사

於是長者　著弊垢衣
어 시 장 자　착 폐 구 의

執除糞器　往到子所
집 제 분 기　왕 도 자 소

方便附近　語令勤作
방 편 부 근　어 령 근 작

旣益汝價　幷塗足油
기 익 여 가　병 도 족 유

飮食充足　薦席厚煖
음 식 충 족　천 석 후 난

如是苦言　汝當勤作
여 시 고 언　여 당 근 작

又以軟語　若如我子
우 이 연 어　약 여 아 자

長者有智　漸令入出
장 자 유 지　점 령 입 출

經二十年　執作家事
경 이 십 년　집 작 가 사

示其金銀 眞珠玻瓈
시 기 금 은 진 주 파 려

諸物出入 皆使令知
제 물 출 입 개 사 령 지

猶處門外 止宿草庵
유 처 문 외 지 숙 초 암

自念貧事 我無此物
자 념 빈 사 아 무 차 물

父知子心 漸已廣大
부 지 자 심 점 이 광 대

欲與財物 即聚親族
욕 여 재 물 즉 취 친 족

國王大臣 刹利居士
국 왕 대 신 찰 리 거 사

於此大衆 說是我子
어 차 대 중 설 시 아 자

捨我他行 經五十歲
사 아 타 행 경 오 십 세

自見子來 已二十年
자 견 자 래 이 이 십 년

昔 於 某 城	而 失 是 子
석 어 모 성	이 실 시 자

周 行 求 索	遂 來 至 此
주 행 구 색	수 래 지 차

凡 我 所 有	舍 宅 人 民
범 아 소 유	사 택 인 민

悉 以 付 之	恣 其 所 用
실 이 부 지	자 기 소 용

子 念 昔 貧	志 意 下 劣
자 념 석 빈	지 의 하 열

今 於 父 所	大 獲 珍 寶
금 어 부 소	대 획 진 보

幷 及 舍 宅	一 切 財 物
병 급 사 택	일 체 재 물

甚 大 歡 喜	得 未 曾 有
심 대 환 희	득 미 증 유

佛 亦 如 是	知 我 樂 小
불 역 여 시	지 아 요 소

未 曾 說 言	汝 等 作 佛
미 증 설 언	여 등 작 불

而說我等　得諸無漏
이 설 아 등　득 제 무 루

成就小乘　聲聞弟子
성 취 소 승　성 문 제 자

佛勅我等　說最上道
불 칙 아 등　설 최 상 도

修習此者　當得成佛
수 습 차 자　당 득 성 불

我承佛教　爲大菩薩
아 승 불 교　위 대 보 살

以諸因緣　種種譬喩
이 제 인 연　종 종 비 유

若干言辭　說無上道
약 간 언 사　설 무 상 도

諸佛子等　從我聞法
제 불 자 등　종 아 문 법

日夜思惟　精勤修習
일 야 사 유　정 근 수 습

是時諸佛　即授其記
시 시 제 불　즉 수 기 기

汝於來世 當得作佛
여 어 내 세 당 득 작 불

一切諸佛 秘藏之法
일 체 제 불 비 장 지 법

但爲菩薩 演其實事
단 위 보 살 연 기 실 사

而不爲我 說斯眞要
이 불 위 아 설 사 진 요

如彼窮子 得近其父
여 피 궁 자 득 근 기 부

雖知諸物 心不希取
수 지 제 물 심 불 희 취

我等雖說 佛法寶藏
아 등 수 설 불 법 보 장

自無志願 亦復如是
자 무 지 원 역 부 여 시

我等內滅 自謂爲足
아 등 내 멸 자 위 위 족

唯了此事 更無餘事
유 료 차 사 갱 무 여 사

我等若聞 淨佛國土
아 등 약 문 정 불 국 토

敎化衆生 都無欣樂
교 화 중 생 도 무 흔 락

所以者何 一切諸法
소 이 자 하 일 체 제 법

皆悉空寂 無生無滅
개 실 공 적 무 생 무 멸

無大無小 無漏無爲
무 대 무 소 무 루 무 위

如是思惟 不生喜樂
여 시 사 유 불 생 희 락

我等長夜 於佛智慧
아 등 장 야 어 불 지 혜

無貪無著 無復志願
무 탐 무 착 무 부 지 원

而自於法 謂是究竟
이 자 어 법 위 시 구 경

我等長夜 修習空法
아 등 장 야 수 습 공 법

得脱三界　苦惱之患
득 탈 삼 계　고 뇌 지 환

住最後身　有餘涅槃
주 최 후 신　유 여 열 반

佛所教化　得道不虛
불 소 교 화　득 도 불 허

則爲已得　報佛之恩
즉 위 이 득　보 불 지 은

我等雖爲　諸佛子等
아 등 수 위　제 불 자 등

說菩薩法　以求佛道
설 보 살 법　이 구 불 도

而於是法　永無願樂
이 어 시 법　영 무 원 락

導師見捨　觀我心故
도 사 견 사　관 아 심 고

初不勸進　說有實利
초 불 권 진　설 유 실 리

如富長者　知子志劣
여 부 장 자　지 자 지 열

以方便力　柔伏其心
이 방 편 력　유 복 기 심

然後乃付　一切財物
연 후 내 부　일 체 재 물

佛亦如是　現希有事
불 역 여 시　현 희 유 사

知樂小者　以方便力
지 요 소 자　이 방 편 력

調伏其心　乃敎大智
조 복 기 심　내 교 대 지

我等今日　得未曾有
아 등 금 일　득 미 증 유

非先所望　而今自得
비 선 소 망　이 금 자 득

如彼窮子　得無量寶
여 피 궁 자　득 무 량 보

世尊我今　得道得果
세 존 아 금　득 도 득 과

於無漏法　得淸淨眼
어 무 루 법　득 청 정 안

我等長夜 持佛淨戒
아 등 장 야 지 불 정 계

始於今日 得其果報
시 어 금 일 득 기 과 보

法王法中 久修梵行
법 왕 법 중 구 수 범 행

今得無漏 無上大果
금 득 무 루 무 상 대 과

我等今者 眞是聲聞
아 등 금 자 진 시 성 문

以佛道聲 令一切聞
이 불 도 성 영 일 체 문

我等今者 眞阿羅漢
아 등 금 자 진 아 라 한

於諸世間 天人魔梵
어 제 세 간 천 인 마 범

普於其中 應受供養
보 어 기 중 응 수 공 양

世尊大恩 以希有事
세 존 대 은 이 희 유 사

憐愍敎化 利益我等
연 민 교 화　이 익 아 등

無量億劫 誰能報者
무 량 억 겁　수 능 보 자

手足供給 頭頂禮敬
수 족 공 급　두 정 예 경

一切供養 皆不能報
일 체 공 양　개 불 능 보

若以頂戴 兩肩荷負
약 이 정 대　양 견 하 부

於恒沙劫 盡心恭敬
어 항 사 겁　진 심 공 경

又以美饍 無量寶衣
우 이 미 선　무 량 보 의

及諸臥具 種種湯藥
급 제 와 구　종 종 탕 약

牛頭栴檀 及諸珍寶
우 두 전 단　급 제 진 보

以起塔廟 寶衣布地
이 기 탑 묘　보 의 포 지

如斯等事 以用供養
여 사 등 사 이 용 공 양

於恒沙劫 亦不能報
어 항 사 겁 역 불 능 보

諸佛希有 無量無邊
제 불 희 유 무 량 무 변

不可思議 大神通力
불 가 사 의 대 신 통 력

無漏無爲 諸法之王
무 루 무 위 제 법 지 왕

能爲下劣 忍于斯事
능 위 하 열 인 우 사 사

取相凡夫 隨宜爲說
취 상 범 부 수 의 위 설

諸佛於法 得最自在
제 불 어 법 득 최 자 재

知諸衆生 種種欲樂
지 제 중 생 종 종 욕 락

及其志力 隨所堪任
급 기 지 력 수 소 감 임

以無量喩 而爲說法
이 무 량 유 이 위 설 법

隨諸衆生 宿世善根
수 제 중 생 숙 세 선 근

又知成熟 未成熟者
우 지 성 숙 미 성 숙 자

種種籌量 分別知已
종 종 주 량 분 별 지 이

於一乘道 隨宜說三
어 일 승 도 수 의 설 삼

사경 끝난 날 : 불기   년   월   일

_____ 두손 모음

한문 법화경 사경 2

발행일 2024년 7월 18일
펴낸이 김시열
펴낸곳 도서출판 운주사

(02832) 서울시 성북구 동소문로 67-1 성심빌딩 3층
전화 (02) 926-8361 | 팩스 (0505) 115-8361
ISBN 978-89-5746-796-1 03220   값 6,000원
http://cafe.daum.net/unjubooks (다음 카페: 도서출판 운주사)